UNA INESPERADA ILUSIÓN

UNA INESPERADA ILUSIÓN

Aloma Rodríguez

PRENSAS DE LA UNIVERSIDAD DE ZARAGOZA

© Aloma Rodríguez
© De la presente edición, Prensas de la Universidad de Zaragoza
   (Vicerrectorado de Cultura y Proyección Social)
   1.ª edición, 2025

Colección La Gruta de las Palabras, n.º 133
Director de la colección: Fernando Sanmartín

Ilustración de la cubierta: Jesús Cisneros

Prensas de la Universidad de Zaragoza. Edificio de Ciencias Geológicas, c/ Pedro Cerbuna, 12. 50009 Zaragoza, España. Tel.: 976 761 330 puz@unizar.es   http://puz.unizar.es

 Esta editorial es miembro de la UNE, lo que garantiza la difusión y comercialización de sus publicaciones a nivel nacional e internacional.

ISBN 979-13-87705-26-8

Impreso en España
Imprime: Servicio de Publicaciones. Universidad de Zaragoza

Depósito Legal: Z 581-2025

Este libro secreto es para mi padre

Para Luis Felipe Alegre, que me enseñó a leer en voz alta

Para Natalia, que me animó a seguir

Para Lara, este libro que no le gustaría si no se lo dedicara

Con mi agradecimiento a Miren, a quien le robé,
sin que lo supiera, el título

Este libro no tiene principio ni fin, y tampoco tiene centro. Desde el momento en que no existe ningún libro sin razón de ser, este libro no es un libro. Tampoco es un diario, ni es un reportaje, emana del acontecimiento cotidiano. Digamos que es un libro al fin y al cabo.

La vida material
Marguerite DURAS

Oye, he comprado tu último libro. Pero lo dejé después de unas seis páginas. ¿Eso es lo único que hay, esas cosillas?

La última novela
David MARKSON

… un libro que no existe, es un libro cuya misión es borrar su propia existencia. Aún no está claro el dispositivo técnico, pero hay algunos apuntes: no se puede tocar, no se puede ver, solo se puede oír, pero por supuesto y sobre todo no se puede leer.

Un cuento sobre una madre que mata por accidente a su hija. Todo sucede en mitad de la calle, la madre va con dos hijos, uno es un bebé, y con bolsas absurdamente pesadas y llenas. La otra niña va de su mano y se pone un poco impertinente, entonces la madre le suelta bruscamente la mano y la niña cae: se golpea la cabeza en el suelo y se queda muy quieta. Llega gente, llega una ambulancia y la madre dice que la niña se ha movido, está segura, mientras un hilo de sangre recorre la acera.

Un hombre intenta salir de un supermercado pequeño a última hora de la tarde con un montón de bolsas de pistachos escondidas en la mochila y en la chaqueta. El chico de la caja lo ha visto por la cámara de seguridad, lo detiene y le hace sacar las bolsas. Contamos dieciséis, qué cifra tan absurda y para qué querría los pistachos. Yo estoy dos o tres personas más atrás y llevo dos cartones de leche, una entera y otra desnatada, una para la niña, otra para los adultos.

Una parodia sobre un grupo de jóvenes escritores y editores que hablan de literatura, tienen relaciones abiertas y son igual de felices o infelices que el resto de los mortales, solo que resultan un poco más ridículos por su exhibicionismo. Hablan de la tiranía de la fidelidad, pero en realidad lo que sucede es sencillo: de la pareja central, ella le pilló coqueteando con otra, lo hablaron, quizá deberíamos explorar otros modos de amar, de ser pareja, dijo él. Leyeron mucho. Luego ella se acostó con el mejor amigo de él.

Cosas que no se pueden contar: que poco antes de que se supiera que el periódico iba a cerrar, el director anunció que se iba, pero se quedó hasta el final, mantuvo la fecha de su boda y disfrutó de los diez días de vacaciones a los que tenía derecho; durante su luna de miel mandaron a imprenta el último número. Que la editora dijo que antes se leía el libro de la niña que el del escritor prestigioso y la niña era yo. Que la noche en que me acariciaba el pelo y la mejilla yo estaba ostentosamente embarazada de siete meses. No se dice que cuando un escritor dice que su libro plantea un dilema moral en realidad se refiere a su propia moral, la de la sociedad suele estar unos metros más allá. Casi todo lo que no se puede decir tiene que ver con la miseria de otros, si fuera propia la contaría: dejaría de serlo para ser un chiste. Las miserias ha de contarlas el dueño, es lo más íntimo que tenemos.

Toda mi vida he querido escribir un libro así y no lo he sabido hasta esta noche de septiembre.

Una serie sobre una escritora a la que, después de una tormenta eléctrica, le sucede que todo lo que escribe se hace realidad. Tiene que escribirlo y darle un título, cerrarlo, si no, no funciona. Es pragmatismo del destino: para qué vamos a empezar a hacer que suceda si luego pones la coma que quitaste por la mañana.

Un cómic sobre dos padres hípster de Malasaña, Borra y Bar. Todos los hijos tienen nombres que empiezan por B: Bruno, Bruna, Bárbara, Blas, Bosco.

La idea de haberse mudado de ciudad y de no echar de menos la ciudad, las calles, a las personas, sino la persona que eras en esa ciudad; la posibilidad de ser otro, que de pronto se anula una vez que vuelves a la tuya porque en esa tienes pasado.

Un escritor que se sabe mover y adapta su discurso siempre a la moda, es hábil, tiene facilidad, le va bien. Otro, en cambio, hace lo contrario, pero no por honradez, se aburre cuando todo el mundo mira hacia el mismo sitio, así que huye de los temas que interesan. Le va mal.

Una historia sobre secretos de familia en la que el dueño del secreto muere, pero salva así su secreto. No puedo dar más detalles aún.

Un libro escrito *à la* Oulipo: un libro que ha sido pensado para poner de los nervios a los correctores editoriales. La novela estaría escrita en voz pasiva por completo. El estilo, seguramente, estaría modificado y determinado por eso. Sería un libro del que los complementos indirectos han sido extraídos.

Los primeros años de vida de los niños son, dicen, fundamentales para su desarrollo. Son agotadores para los padres, eso seguro. Y sin embargo, padres e hijos lo olvidarán todo de aquello que tanto les ha marcado. Quedarán las anécdotas cristalizadas, la deformación chistosa de una palabra, el episodio simpático, la respuesta elocuente a lo Mafalda. Todo un poco construido y editado. La verdad se habrá perdido necesariamente.

Un capítulo de una serie que es una chica un poco mal vestida y sobre todo muy mal peinada recorriendo la ciudad en busca de cajas. Entra en licorerías, dice que las cajas de botellas de vino son buenas para los libros, en supermercados, demasiado grandes. Solo un poco después se descubre que está en medio de una mudanza.

Una antología de todos los escritores que se pasaron a dibujantes y una selección de sus dibujos. Cada vez son más. Es una plaga. El libro es infinito, en cada reedición —soy optimista, el mundo no acaba y las reediciones existen— se añaden autores tránsfugas. Hay una segunda parte con quienes han hecho el camino inverso. No se incluyen dibujos, solo primeras frases.

Un libro que contenga todas las cosas que no decimos para no hacer daño a los demás o para no discutir, que no es solo la bondad, a veces es también la pereza lo que posibilita la convivencia.

Una mañana, una mujer o un hombre, sale de su casa y no vuelve. Pero no huye, no se pierde, no desaparece, no abandona nada. Solo se entretiene de manera absurda durante años.

«En *La historia más triste jamás contada* no pasa nada. Absolutamente nada. No hay conflicto, afean los críticos. No hay conflicto, destacan los prescriptores. Debería llamarse *La historia más aburrida jamás contada*», escribe un reseñista. ¿No te parece eso suficientemente triste?, tiene ganas de responder la autora.

Un experimento. ¿Cuántas palabras hay que usar para llenar un libro posibilista? Algunas trampas están permitidas.

La frase «Un train peut cacher un autre» en los pasos a nivel de las estaciones de tren en ciertos pueblos de Francia me parece misteriosa y portadora del secreto de la vida. Aún no lo he descifrado.

Escritoras pequeñas, escritoras con hijo(s), escritoras termitas.

Suele suceder que las cosas que más nos irritan de los demás son en las que más reconocidos nos vemos. El defecto propio visto en otra persona nos la vuelve insoportable.

La verdad es que tiene un libro de cuentos que ha sido rechazado por algunas editoriales grandes. La verdad es que no soporta más la idea del rechazo. La verdad es que tiene dos libros y medio en el cajón. Esperando.

Un libro de acción mental y conflictos familiares. Relación entre padres e hijos, la memoria, el pasado, la obsesión.

La manera en que se borra el libro que no existe es por acumulación. No se trata de eliminar sino de añadir: un grito tapa al anterior y así sucesivamente. Como los hijos, de quienes solo se recuerda la última versión, un capítulo se superpone al precedente y lo anula, ocupa en el cerebro el lugar que ocupaba el otro. Como la amenaza del tren que puede venir pero vista desde el otro lado.

Unas chicas en la treintena se hacen amigas en un congreso. Son tres versiones de una misma vida, tres de las múltiples opciones. Apenas se ven pero hablan mucho, es una conversación constante. Nunca saben si las otras están siendo tan sinceras como ellas. Al contrario de lo esperable, eso no lastra la amistad, la endurece. Cada una ha contado cosas ahí que no ha contado a nadie más. Pero lo más sorprendente es que han leído cosas sobre sí mismas que nadie se ha atrevido a decirles nunca: por qué te escondía, escribió una, y entonces otra se dio cuenta de que tuvo un novio que la escondía; vende más que tú, y entonces otra se dio cuenta de que sus libros no vendían, y como no vendían nadie quería publicarlos. Qué descubrió la tercera es de lo que trata el libro.

Escribe la primera postal desde un hotel, cosa ya extraña porque nunca va a hoteles. Ha sido una casualidad que la citaran en ese hotel y que acabara de leer un libro sobre hoteles. Firma la primera de las postales de hotel con su inicial, como siempre. Pero añade después *desde* y pone el nombre del hotel, aunque está en su misma ciudad. En realidad, lo ha hecho porque el propio hotel tiene servicio de recogida de cartas. No lo sabe aún, pero acaba de nacer un hábito, una caprichosa distinción.

Todos los libros deberían llevar dos advertencias: la primera, anunciar que el papel usado para imprimirlo está hecho con ejemplares triturados de otros títulos; así, el libro que está leyendo puede estar impreso con pasta hecha con libros de otros escritores, algunos con los que el autor no compartiría ni el taxi; otros a los que secretamente envidia, otros a los que lee en secreto, alguno al que admira. La segunda advertencia debería indicar que en caso de no venderse la tirada, pasado un tiempo prudencial, los ejemplares restantes serían destruidos y convertidos en pasta de papel para hacer más libros. Qué haría Borges con esto.

Dentro de poco tendrá los mismos libros publicados que manuscritos en el cajón.

La mañana en que Louise Glück es distinguida con el Premio Nobel de Literatura, nuestra protagonista tiene una revelación. Piensa que, una vez pasadas las alegrías y las celebraciones, los galardonados deben empezar a pensar en su discurso de aceptación, condición *sine qua non* para recibir el cheque, por cierto —es la conferencia mejor pagada de su vida—. Y piensa que seguramente será el texto más fácil de escribir para un escritor, y al mismo tiempo el que dé más pereza: ¿ahora que soy nobel tengo que rebajarme a escribir un discurso de aceptación? Lee que Glück ha dicho que por fin podría comprarse la casa que desea en Vermont. Nuestra protagonista se acuerda de Camus y la carta a su profesor. Y ahí lo ve claro: su vocación no es otra que escribir los discursos de aceptación del nobel de Literatura. Su tarifa: un 0,5 % del premio.

Una mujer va a un concierto con su hija. Es una ciudad de provincias, es su ciudad y ella acaba de volver. Es una situación anómala, las sillas están separadas, la gente lleva mascarillas, no se puede bailar. Una chica la reconoce: es una artista, a la que conoce porque es amiga de amigos. Pero no se pueden saludar porque está a punto de empezar. La artista se sienta cerca de la mujer que ha ido con su hija. En una de las canciones, la madre está a punto de echarse a llorar y piensa que seguramente será porque la canción va de un hombre cuya esposa ha muerto y tiene que mantener la compostura ante la hija de ambos. La madre, sentada al lado de su hija, mientras retiene las lágrimas baraja varias opciones: síndrome premenstrual, ablandamiento maternal, presagio de muerte inminente. Entonces, la artista se levanta y sale discretamente secándose las lágrimas. La madre piensa que eso las une de una manera secreta y profunda. También que no le va a venir la regla aún, no se ha ablandado y no va a haber ninguna muerte cercana.

La historia de una chica que llora después de follar. No está triste, pero, sin que ella pueda hacer nada, las lágrimas brotan en cuanto todo acaba. Por supuesto, eso asusta a los chicos con los que se acuesta y le causa más de un problema con algún novio: uno cree que las lágrimas señalan un secreto ya insoportable, otro que tiene que ver con la religión.

Este es un cuento de amor, piensa. Una mujer aprovecha las clases de natación de sus hijos para visitar a su abuela, que vive en la misma calle de la piscina. Está veinte minutos con ella, ven juntas la tele y la abuela repite tres veces cada cosa: Mira los gatos, qué estresados. Le pregunta una y otra vez qué hacen los niños: están en la piscina. La abuela sonríe. Acabado el tiempo, la mujer se calza. Ahora tocamos el timbre y te asomas al balcón. Cuando la mujer y los niños pasan por debajo la abuela ya está asomada. Cada día les lanza una cosa: magdalenas, una bufanda, un huevo kinder. Los niños, que aún no comprenden la fuerza de la gravedad, creen que su bisabuela tiene superpoderes para lanzar cosas.

Un libro escrito bajo la sensación de catástrofe inminente, de fin del mundo. El 2 de noviembre podría estrellarse un meteorito contra el planeta.

«Entiendo que se escriba, lo que me cuesta cada día más de entender es por qué hay que publicar; no me refiero a que haya que guardar en el cajón, sino a que esa obsesión por publicar y por enseñar que escribes nace de un impulso natural, pero en el fondo no tiene nada que ver con la literatura»; se lee en una entrevista. Y es un poco verdad y un poco mentira, piensa la protagonista.

Una novela sobre la imposibilidad de comunicación con los padres: la idea de que, cuando consigues vivir algo parecido a lo que fue su experiencia y por fin los comprendes, ellos están en otra. La comprensión es imposible, y la comunicación también.

Un hombre tiene que ir a recoger diez kilos de fruta, cinco de naranjas y cinco de mandarinas, en el mercado de productores que cada semana se monta en la ciudad en la que ahora vive. No son todas para él, las reparte con su suegra, que hoy no puede acudir al mercado y que es quien habla con el vendedor de naranjas. Tiene un nombre compuesto poco habitual. El hombre hace primero la compra en el mercado: llena el carro de verduras y fruta y va a su casa a descargar para volver a por las naranjas y mandarinas. Piensa que es un marrón en el que de nuevo le ha metido su mujer, que encima está fuera, un viaje de trabajo o no sé qué. Menudo marrón. Llega tarde y el frutero le espera enfadado: hace una hora que el único género que le queda son las naranjas reservadas, las iba a vender. Me habría ido. El hombre, abatido, mete las naranjas y las mandarinas en el carro. No dice nada. Coge de la mano a su hijo y le da un billete al frutero sin esperar las vueltas.

La abuela recibe a su nieta, siempre el mismo día de la semana y a la misma hora. Abren un cuaderno, el cuaderno, por la página en la que lo dejaron la última vez. Llevan un tercio ya hecho, pero no lo completan en orden, es una pequeña rebeldía. Están muy de moda esos cuadernos, se llaman «El cuaderno del abuelo»; al principio a la nieta le dio un poco de vergüenza: el diseño es horroroso. A la abuela también le parecían un poco humillante esos dibujos y los tonos sepia. La grisura que se desprendía, como si los viejos solo pudieran recordar en blanco y negro. Ella se acordaba en technicolor, y se acordaba de bailar al son de la música en directo, y se acordaba de la incertidumbre de la noche en que se acostó con su marido por primera vez. De ese espíritu de aventura. De todo eso no puede hablar en voz alta, qué pensaría su hija si viera el cuaderno de la abuela convertido en unas memorias sexuales escritas con la impecable letra de su nieta. Así que cuenta de nuevo la anécdota que ya se saben todos. Me parece que esto ya te lo he contado, chatica, le dice al acabar.

Solo deseo ser vieja ya, haberlo ganado o perdido todo, haber explorado todo ya y no tener ansiedad.

Que lo que hubiera de ser haya sido. Para descansar y hacer solo lo que quiera hacer. Eso piensa, pero no se atreve a decirlo.

Cada día, antes de acostarse, antes de lavarse los dientes, se sienta y escribe. Dos líneas o un folio, no importa cuánto sino la constancia. Lo que anota es a veces bobo, algo que le ha sucedido, algo que ha imaginado, un detalle en el que se ha fijado. Lo hace como un ritual. Lo hace siempre en el mismo documento, de manera que este va creciendo sin que se dé cuenta. Lo tiene siempre abierto para no saber cuánto hay. Un día, tiene que cerrarlo, y solo al volver a abrirlo se da cuenta de que es largo. Casi como un libro. No sabe qué hacer con eso. Se asusta. Piensa en dejarlo o en empezar un nuevo documento. Al final, no hace nada. Tiene un libro escondido en el ordenador.

La cafetería acaba de abrir, es uno de esos sitios de café bueno y caro y un poco pijo. Hay macetas con plantas verdes, me encantan las plantas sin flores, es como si llevaran la selva en ellas. El café está rico. El tercer día que acudo allí, la chica, siempre la misma, tiene una herida en la frente. Estoy a punto de preguntarle qué le ha pasado, pero me da pereza que eso haga que se inicie entre nosotras una relación de confianza, no quiero saber demasiado de la vida de esa chica. Pero no quiero parecer maleducada, así que cuando voy a pagar hago un comentario y ella me cuenta que fue de la manera más tonta que me pueda imaginar, un proyector encima de la cama para ver series antes de acostarse y, mira, cinco puntos me querían poner pero les pedí que no, no puedo, de verdad que no puedo, lloro, no puedo, en serio y eso que tengo tatuajes, mira, pero es otra cosa, ¿sabes?

No se dio cuenta de que en uno de los libros que vendió al buquinista de Moyano dejaba un recibo con su nombre escrito. Fue así como la encontraron.

Una novela sobre dos amigas que dejan de serlo; en realidad, es una historia de cómo el tiempo nos va cambiando, de cómo a los amigos en realidad tampoco los elegimos, nos tocan. Son dos amigas cuyas vidas las separan, se unen y ya han perdido un poco la magia que las unía. Lo curioso es que, cuando se separan, una de ellas está leyendo *NW, Londres,* de Zadie Smith, en gran parte una historia de amistad. La lectora es incapaz de ver los ecos de eso en su vida.

Un diario en el que solo se escribe el número de pasos dados y su equivalente en kilómetros.

No hay reencuentro, es imposible.

Un libro en el que no haya ni una sola frase subrayable. Qué alivio.

La chica que entra en la cafetería dice que el ciclo lunar que empezó en junio acaba la semana que viene. Ni Marte retrógrado ni Mercurio retrógrado ni nada. No sé qué significa eso. La chica dice que a partir de la semana que viene deberíamos ver las cosas claras, haber aprendido de la experiencia y estar abiertos a lo que venga. No sé si habla de la pandemia o de follar. Luego dice que para empezar va a depilarse las cejas, las ingles y el bigote.

Esto es una conversación que escucha en un parque:

¿Por qué no os vais a vivir al pueblo?, si a ti te encanta el campo, lo que haces aquí lo puedes hacer allí, y además, los dos sois de allí, ¿no?

Sí, los dos.

Pues os podéis ir.

No. No podemos. O sea, podemos, pero me muero si me voy con él allí... Ni de coña. Nos llevamos fatal. No nos aguantamos, bueno, no le aguanto. En realidad, es como si estuviéramos separados solo que vivimos juntos, por las niñas. Es que... si se entera de que te lo he contado me mata, o se mata, no sé... El caso es que cuando estaba embarazada de la pequeña le pillé, tía, le pillé con otra. No le pillé pillé. Lo descubrí por pagos raros con la tarjeta y luego le vi el teléfono, siempre es con el teléfono... Y le dije que me quería separar, pero él dice que si nos separamos se mata, no puede hacer eso, dice. Es muy conservador, aunque no para follarse a otra, parece ser. Bueno, da igual, el caso es que no podría irme con él al pueblo. Sin él, sí. Podríamos decir en realidad que me voy con las niñas y que él no puede venir, por el trabajo y eso. Quizá eso me salvaría. No sé... Les estoy escribiendo a mis hijas toda la historia, para que no les pase. Tienen que saber que nuestra relación no es una relación, que esto es una mierda.

¿Como en *Los puentes de Madison*?

Como en *Los puentes de Madison,* qué horror, soy un cliché con patas.

Aún no sé si es un cuento o una novela. Me gustaría una novelita corta, tipo *Dibujos animados,* de Félix Romeo. Es una historia de infancia. Es la historia de dos amigas, pero ellas no son las protagonistas, son testigos de la locura de una mujer cuyo hijo, un poco mayor que ellas, ha muerto. Muere en otra ciudad, en la que estaba viviendo porque estudiaba allí. La madre y las niñas están en el pueblo y la novela pasa en verano. El hijo murió el pasado invierno, o quizá el anterior. La mujer tiene otra hija, una chica enigmática y el tipo de chica a la que cualquier niña de ocho años quiere parecerse: lleva vaqueros negros y botas militares el 15 de agosto y es guapa y un poco atormentada pero lista y frágil en el fondo. Su hermano está muerto. Su hermano mayor está muerto. Y encima su madre solo piensa en eso. Eso la hace sufrir. A su padre también, pero su padre, que es carpintero, se refugia, se esconde, en el trabajo: pasa horas en el taller. Así que la que está sola es ella, la hija. Que es a quien admiran las niñas. Una de las niñas no sabe la historia del hermano muerto porque es el primer verano que pasa en el pueblo, donde su madre trabaja como médico solo durante esos dos meses. Así que la otra, que es no solo de su edad, sino que cumple años un día antes que ella, se lo cuenta todo. La mujer cuyo hijo ha muerto es fantástica cuando no está obsesionada con la muerte de su hijo: se ríe con una de esas risas que lo llena todo, y es amable y generosa y chispeante y se sabe un montón de canciones picantes. Mientras la hija coquetea con ciertos hábitos autodestructivos, música, cigarros, alcohol y chicos mayores, la madre visita a videntes y médiums. Sueña con el hijo, sueña que el hijo está con su madre, y entonces se queda tranquila, pero antes, en el sueño, le dice a su madre que no se lleve a su hijo, que es suyo, es su niño, no tiene que estar contigo, tiene que estar conmigo, despiértalo, por favor. Pero la que se despierta es ella y sabe que su hijo está muerto.

La madre vuelve a pintarse los ojos como hacía antes de que muriera su hijo. Las niñas se alegran de verla mejor. La hija se enrolla con el chico que les gustaba a las dos niñas. La niña de fuera, la que llega, claro, soy yo.

Hace ya tiempo que al escritor solo le gustan libros que cree que se parecen a los suyos. Pero no se ha dado cuenta.

Manda el libro a dos personas, le animan a seguir. Sigue escribiendo, le dicen, y es lo que hace.

Es la historia de un niño que no conoce la fuerza de la gravedad. Para él, las cosas no caen, se lanzan, también hacia abajo. Por eso, el día que ve a su bisabuela asomada al balcón de un tercer piso lanzarle unas magdalenas cree estar siendo testigo de una proeza.

Escribe, ahora lo sabe, para hacer algo, no para pasar el rato, sino para que pase algo. Lo descubre, o se da cuenta, leyendo un libro de una escritora a la que admira. El libro la decepciona en general, pero encuentra dos o tres hallazgos que la tienen pensando semanas. Se relaja, por fin, y puede continuar escribiendo ahora que sabe que se trata de hacer y ver hasta dónde se llega. Por eso odio los libros calculados, piensa, porque saben a dónde van desde el principio.

Una mujer intenta recuperar casi todas las amistades que ha ido perdiendo a lo largo del tiempo: traslados, malentendidos, un excesivo sentido de la lealtad y cierta arrogancia juvenil son las razones de la pérdida. Manda mensajes, se producen encuentros, algunos casuales, los aprovecha. Se esfuerza. Fracasa. Piensa que quizá sea el karma: es lo que le corresponde a cambio de tener una pareja estable y feliz. No conoce la ruptura amorosa, el desengaño, después de los trece, nunca le han roto el corazón por amor.

Conoce el desengaño en la amistad. Se acuerda de una frase que escuchó al vuelo: lo de los amigos es como la familia, uno tiene los amigos que le tocan. Vuelve a la tienda en la que estuvo hace unos días con su novio y compra la camiseta que le gustó. Pide que se la envuelvan para regalo.

—Empieza con una coma asesina.
—No, no, es una frase nominal y luego un predicado nominal.
—Parece una coma asesina.
—Bang!

Como no me saludaste, supe que eras tú (Dorothy Parker *reloaded*).

Acude a la charla sin ninguna expectativa, más allá de la de pasar el rato y tener cierta vida social. Al final, se tiene que sumar al coloquio, subirse al escenario y sentarse en el sillón pactado, encender el micrófono y hablar. Lo hace con soltura, como si no le costara. Pero en realidad, lo pasa mal porque no se quita una anécdota de la cabeza que solo cuenta a su amigo después de la charla, de camino a la parada de autobús.

El niño pregunta quién era su madre cuando su madre era pequeña. La madre le dice que aún no había nacido, ni él ni sus hermanas, que ella era pequeña e iba a ser su madre. Entonces, ¿quién nos preparaba la comida?, pregunta. Metafísica y comida siguen unidas, piensa la madre.

Una mujer mira desde un balcón que da a un parque inmenso. En uno de los bancos, el único que se ve desde el balcón, hay otra mujer sentada. La mujer del banco es la dueña de la casa desde cuyo balcón mira la otra. La mujer del banco está acompañada de un perro negro, señorial, enorme. La mujer del balcón reconoce a su amiga por el perro. Luego le pone a esa figura las posturas y gestos que sabe de su amiga. El marido de su amiga llega y se sienta a su lado. La mujer del balcón intenta adivinar de qué hablan por los gestos. La pareja se divorciará un mes después.

El ímpetu de la juventud, ahora lo entiende, no es más que un peso enorme. Lo ve en los otros y entonces lo recuerda en ella. Esa seguridad, ese arrojo, esa arrogancia. Se siente liberada de eso.

Eso no es una novela ni es nada, es que a veces no sabía si era una novela o un crucigrama. Lo dijo una amiga sobre otra novela, y podría decirlo de esto también.

El libro no le gusta pero tiene algunas citas buenas: «Ser un escritor exige una disciplina férrea. Es sentarse y escribir, creas o no creas que lo llevas dentro. Cada día. A solas. Sin interrupción. Al contrario de lo que cree gran parte de la gente, en la escritura no hay glamur. De hecho, la mayoría de las veces es descorazonador».

Solo quiere publicar el libro para usar esa foto que le hizo un fotógrafo: le pidió que abrazara una gallina y ella ni siquiera pudo cogerla. Su madre se la atrapó para ella y se la dejó en el regazo. Ella la agarró con fuerza como si así le diera menos asco y miedo. En la foto sale bien, apenas tensa. La gallina posa mejor.

Piensa en hacer una autoedición del libro y mandarla a algunos amigos. Pero se pregunta qué la diferencia eso de lo que hace un tipo muy concreto de escritor parásito. Desiste.

Si te fijas, si estás atento, te das cuenta de los hilos secretos que unen las cosas. Por ejemplo, nunca había oído la palabra *scrapbook,* ni siquiera sabía qué era, y de pronto en una semana se ha topado con ella en tres lugares completamente diferentes: un chat de madres, un libro de memorias familiares y una aplicación para imprimir fotos.

Es lo más parecido a un acto social al que acude en meses, y allí un escritor mayor que ella le pregunta cuándo publica nuevo libro. Ella sonríe por educación, lo que le gustaría decir es que nunca, que no cree que sea capaz de escribir un libro y que en realidad está trabajando en un proyecto sobre un libro que no existe. Pero teme que la tome por loca o que lo entienda como una provocación. Ese escritor tiene un gusto fino y es muy inteligente. Dice ojalá pronto, sí. Y luego se va a su casa.

Está en un punto crítico. Ahora el libro debería ir hacia algún lugar, o seguir y convertirse en otra cosa por acumulación. Estamos en una encrucijada.

Nadie sobrevive al «out of context». Pero muchos tampoco al «in».

Es una cosa un poco hortera, esas imágenes hechas de imágenes en miniatura que componen la imagen principal. O peor: los libros de 3D de su última infancia.

El problema es que para ella es demasiado fácil escribir, poner una palabra detrás de otra. Lo pasa mal antes y lo pasa mal después. Nunca durante. Por eso cree que lo que hace lo puede hacer cualquiera. Empieza a trabajar con un hombre y se da cuenta de que ella tiene algo así como un don. Solo que le sirve para poco.

En el primer verano que no fueron a la playa compró un par de zapatillas único para su hija mayor. Brillantes, doradas, chulísimas. Fueron a pasar un fin de semana a un pueblo, ella estaba obsesionada con la zona, lo llaman la Toscana española, repetía una y otra vez. De ese viaje solo volvió una de las zapatillas. Llamó a la dueña de la casa en la que se alojaron. La buscó en el coche de alquiler. Y estaba segura de saber el lugar exacto en el que la zapatilla se había caído de su bolsa de tela. Pero la cosa no acaba ahí. Dos años más tarde hubo otro verano sin playa. Le compró a su segundo hijo, que era un bebé de año y medio el verano de la Toscana española, unas cangrejeras azul oscuro que el niño se ponía para caminar por la casa de sus abuelos. Pero se las quitaba enseguida: no le importaba la amenaza de clavarse una astilla ni conseguía ganar el asco de la posibilidad de pisar una mierda de perro. Un día, se dio cuenta de que faltaba una de las cangrejeras: recorrió el jardín, acusó a las perras, riñó al hijo. Ni rastro. Se acordó de la otra zapatilla desaparecida dos veranos antes. Y pensó que tal vez era una especie de tradición que su despiste fundaba. Cuando a finales del verano la cangrejera apareció como si nada le dio un poco de pena que la tradición se hubiera roto tan pronto.

Los libros son forma, hay que pensar en la forma, siento ser un coñazo con eso, pero es así. Hay que pensar en la forma. Son forma.

Podrías poner que folla con un dinosaurio.

Dale vuelo, inventa, cuenta historias. ¿Por qué no escribes de pronto dos, tres folios, quizá no sea necesario más, sobre Jane Birkin?

Me ha gustado haberlo leído, sí.

Se nota mucho el peso de F.

Una mujer que siempre cree que sus amigos cineastas o escritores usan cosas de ella para sus personajes. No es que se sienta identificada, es que reconoce frases de personajes como suyas. No dice nada, no se queja, pero deja de hablar con esos amigos. Los personajes de las obras de sus amigos comienzan a ser cada vez más planos y predecibles.

Un cuento para niños que tiene como protagonista al murciélago Paca, que luego se hace amigo de la rana Juana. Los dos quieren viajar a la Luna. De hecho, se conocen en la NASA. Como en el chiste del tomate que habla y asusta al otro tomate de la nevera, el murciélago Paca y la rana Juana se sorprenden de que el otro esté ahí, pero intiman. Se cuelan en lo que creen que es un cohete que va a la Luna. Después de aterrizar, salen de la nave y el paisaje no les parece muy lunar. Hay hojas en el suelo y una bolsa de M&M's y un charco. No lo saben, pero están en Garrapinillos, Zaragoza. Pronto conocerán a tres niños, hermanos, y se harán amigos.

Una mujer empieza a trabajar en un proyecto solo porque cree que así puede salvar a un hombre de la muerte.

Antes de que naciera el primer hijo, que sería una niña, por cierto, ya hubo un primer crujido. Lo recuerda cada cierto tiempo. Su novio, futuro padre, preguntando por el colegio al que había ido su amigo; su amigo diciendo que ese cole no era para ellos. Quizá debían haberle preguntado en ese mismo momento qué quería decir.

Es una escritora «zelig», es decir, se le pega el estilo de los demás. Por eso lee mucho, para que un estilo tape a otro. Cuando corrige, limpia.

Todas las cartas son cartas de amor. Nos gusta escribir cartas porque nos permiten proyectar nuestra mejor versión.

Qué hacían antes de los hijos, de pronto saber eso es muy importante. Acordarse. Su amiga, divorciada, algo mayor que ella, le dijo que las parejas empiezan a romperse cuando dejan de hacer lo que hacían, lo que de verdad disfrutaban. A veces son chorradas, ¿sabes?, le dijo. Ya está: veían películas. Compraron un proyector y más adelante una pantalla. Después renovaron el proyector. Hay familias que cambian de coche, nosotros de proyector. La belleza proyectada en las paredes de todas las casas en las que habían vivido. También películas muy malas. Otras sobre las que no se ponían de acuerdo.

Un poco como las obras de teatro de Yasmina Reza, esta novela comienza en un espacio cerrado. Parece que va a tener solo ese escenario, pero como no es una obra de teatro no existe la limitación del espacio. El tema de la discusión es el dinero. Un grupo de amigos va a cenar algo después de un concierto. El bar está cerca del puente de Segovia, en Madrid, en las Vistillas. Es importante que sea ese bar y no otro porque el camino para llegar a él es curioso, es como de pueblo, pero es una ciudad enorme. Son un grupo de amigos, varias parejas, pongamos tres, y algunos desemparejados más, pero no todos solteros. Han estado en un concierto, así que los acompaña todavía la resaca de la euforia del momento; también cierto grado etílico, pero es todo de buen rollo. Entonces, un poco sin venir a cuento —aquí es donde comienza esta novela, todo lo anterior se va descubriendo un poco después, se va dejando caer—, una de las chicas, a la que llamaremos Diana, le reprochará a uno de los chicos, Rubén, ser el que más dinero cobra de todos. Diana se percibe como la más de izquierdas. Rubén, novio de Eva, es padre de dos niñas y no lo saben aún, pero Eva está embarazada de nuevo —por fin el chico—. A Rubén al principio le da igual, pero Diana insiste. Incluso se lo dice a su novio, como si no le hubiera escuchado la primera vez. Algún amigo se siente ofendido: ni siquiera lo han considerado en la pugna por ser el que más cobra. Diana sigue y Rubén comienza a molestarse. ¿Qué quiere decir? ¿A dónde quiere llegar Diana? Eva también empieza a estar molesta. Los dos se sienten acusados de algo que no saben bien qué es. Llega la cuenta y Eva dice que viven al día, que no sabe qué quiere decir Diana. Quiere irse a casa, pero solo va al baño. Cuando vuelve, Diana dice que solo quería decir que de todos es él el que más cobra, y que, bueno, es normal, son los que tienen hijos. Aún no he decidido si la novela acaba esa noche o sigue. Y ahora pienso que quizá sea una película. La discusión sigue un poco más: Rubén le dice que lo importante no es cuánto cobras sino el patrimonio, y nosotros, dice, no tenemos nada. Ni nosotros, responde rápidamente Diana. Y Eva le recuerda el piso en Vallecas que tiene alquilado por 550 euros al mes y que heredó de una tía. Diana dice: es verdad, y se calla el otro piso que tiene su novio a doscientos metros del bar en el que están, un estudio enano por el que pide 750 euros al mes si es de confianza y 850 a desconocidos. Eva piensa que lo que realmente determina tu riqueza es la declaración de la renta: a ellos siempre les sale a devolver; Diana se queja de lo mucho que tiene que pagar cada año. Su relación sigue como si nada, pero algo se ha roto para siempre: no es el reproche, que Diana crea que hay algo malo en ganar dinero, como si Rubén y Eva fueran un poco peores, más corrompidos por el sistema. Lo que se ha roto es que Eva se ha dado cuenta de que nunca mirarán el mundo desde el mismo lugar. Cuando Diana le hable del ayurveda, de lo malos que son los productos del súper, cuando haga proselitismo de la pasta ecológica, del champú especial sin sulfitos que usa porque tiene el pelo graso, Eva pondrá el piloto automático. Que Eva no le diga nunca a Diana lo que piensa de ella, que es una pija aunque no lo crea, la persona más pija que conoce, de hecho, es la mayor prueba de afecto que se le ocurre a Eva. Unos meses después, Eva tiene un aborto, y la primera en mandarle un enorme ramo de flores es Diana. En la tarjeta, al lado de una nota cariñosa, ha apuntado el teléfono de un maestro de *reiki:* por si acaso quieres probar, sin prisas, es amigo, ha escrito Diana. Su hija mayor coge la tarjeta y la rompe en trocitos pequeños que luego le tira en el pelo a su hermana.

Es una familia que va a nadar cada año en navidad. Una madre con sus hijos. No siempre van todos, a veces se une el padre. No sé qué más sucede, tendría que escribirlo para descubrirlo.

La idea de que sus cuentos no empiezan, son como entrar en el cine con la película ya arrancada, ¿en realidad no son así todos los cuentos?

Rocío es rubísima, tiene los ojos marrones y pecas en las mejillas. Es de una candidez cómica. Es crédula y un poco cabeza de chorlito. Pero produce mucha ternura. Estudia psicología. Por las tardes, sale a pasear con su vecino autista y un perro. Luego le prepara la merienda y pone un disco de música clásica. Ella estudia y deja al chaval en paz. A veces, el chaval está a su lado, otras no. A veces Rocío ha sospechado que su vecino se estaba haciendo una paja en el baño. Sobre todo el día que al secarse las manos después de lavárselas se dio cuenta de que la toalla estaba llena de semen. A Rocío no le da asco el semen, pero le pareció extraño que estuviera allí, así que mojó la toalla y la echó al cubo de la ropa sucia. No volvió a encontrar más semen en la toalla de manos. Ahora Rocío no tiene novio. Habla con un par de chicos. Ha quedado con los dos. No se ha acostado con ninguno. Aunque a uno le hizo una mamada la tarde que quedaron. Luego él no le hizo nada a ella, le dio las gracias y le dijo que estaba cansado. Acaba de escribirle. A lo mejor queda con él. A Rocío le da igual que no le hiciera nada, de hecho no le gusta mucho que se lo hagan. Tampoco es que le guste especialmente hacerlo ella, pero es como ducharse: lo haces y punto. Rocío siempre lleva un botellín de agua en el bolso para enjuagarse la boca por si acaba chupándole la polla al chico con el que ha quedado. Su madre cree que está obsesionada con beber más de dos litros de agua al día.

Hay un momento en que hay que elegir: o centrarse en la obra propia o estar atento a la de los otros. Cuando más lees menos escribes.

Sueña mucho últimamente. Sueña con asuntos familiares. Sueña con otras escritoras con las que se ve obligada a ser amable porque hace de anfitriona. No recuerda esos sueños inmediatamente después de despertarse, le vienen a la cabeza sin avisar, de golpe. Y durante medio segundo no sabe si son sueño o recuerdo. Luego le queda solo la sensación desagradable, como cuando te despiertas de una operación y te sabe la boca a metal.

Su obra de la que se siente más orgullosa, la que acomete con más respeto, es la carta que los reyes magos dejan en el árbol cada año.

No va hacia ningún sitio. Debería pasar algo. Pero no sabe qué.

Es una historia curiosa en realidad, de esas un poco de película. Podría ser de Woody Allen. Es una escritora que tiene un poco abandonado lo suyo porque tiene hijos y no llega a todo. Pero un amigo, en realidad, amigo de amigo, está deprimido y alguien incluso sugiere que ha hablado de suicidio. Entonces la escritora se acuerda de que este chico, cineasta, siempre le decía que sus cuentos eran muy buen material para películas. Le gustaba en concreto uno en el que había un entierro, un viaje en tren y una escena final en una playa. Así que la escritora le manda un correo y se ponen a trabajar. Todo es fácil y el trabajo fluye.

El cineasta consigue la financiación, la película se rueda, la ve poca gente, pero es bien recibida en la profesión. La escritora recibe ofertas y publica un libro. Recibe ofertas para adaptar otro cuento. Algunas las acepta y otras no. El cineasta dirige otra película que lo consagra. No vuelven a trabajar juntos, pero comen juntos una vez al mes. Cada vez cocina uno, pero siempre quedan en casa de la escritora, sus hijos son aún pequeños. El cineasta a veces graba a sus hijos y luego lo monta y le manda las películas a la escritora. Ella escribe por fin una novela.

Ya casi no piensa en el tipo que escribió un libro años después de que ella hubiera escrito el suyo y que repetía dos anécdotas que salían en el de ella y ni siquiera la citaba.

Lo que cree que la hace escritora es el interés desmedido, casi insano, por la vida interior de los demás. ¿Cómo sobrellevan la vida los otros?

No fue por los hijos, que por supuesto habían erosionado la pareja. Ni la convivencia, entre ellos seguía habiendo una especie de chispa, él se reía de los chistes de ella, a ella él le seguía pareciendo atractivo. Fue por las gafas. Ella siempre había llevado lentillas, no soportaba las gafas, y de pronto un día, el de la óptica en la que se fue a hacer unas gafas, y eligió esa óptica porque era más barata, era un chaval, le dijo que las lentillas a la larga dañaban los ojos, debería estar un tiempo sin llevarlas, le dijo. Y ella, obediente, hizo caso. Ahora siempre llevaba unas gafas bonitas, la favorecían. Pero a él, cada vez que la miraba, le recordaban lo influenciable que era ella, su falta de personalidad. No podía soportarlo más.

Un ensayo, ahora quiere escribir un ensayo. El disparador: la necesidad de hacer de todo un evento y colocarse en el centro. Tiene que ver con las redes sociales.

Una novela sobre una chica que quiere ser escritora, ha publicado algún libro ya, se muda a Madrid y más o menos entra en el mundo literario y es un poco repugnante lo que ve y encima no le va bien.

Una mujer está enamorada, cree, de un hombre, pero como lo tiene todo en contra, hace todo lo posible porque ese hombre se enamore de otra: su plan funciona. Se casa con otra, tiene hijos, son felices. Ella sufre un rato. Luego sigue con su vida.

Una mujer idea, para despertar el interés de su marido en ella, fingir que tiene un amante.

Una escena en los baños del Mercadona, tiene que ser un poco patética pero no escatológica ni obvia. Por ejemplo: un hombre y una mujer son muy amigos, van andando por la calle, y, de pronto, al hombre le empieza a sangrar la nariz. De pronto tiene la cara llena de sangre y el hombre echa la cabeza hacia atrás pero la sangre sigue cayendo. No tienen pañuelos, no hay un bar cerca. Pero a unos metros hay un Mercadona. La mujer le dice: estamos salvados. Le deja a su amigo su bufanda para que recoja la sangre y echa a correr. El hombre la sigue, pero no sabe dónde van. Entonces la mujer le guía hasta los baños del Mercadona: siempre hay baños en el Mercadona, le dice. Además, están limpios y siempre hay jabón y papel. Cuando la hemorragia ha parado, el hombre le cuenta que le pasa eso desde hace unos meses, que quizá debería ir al médico. Luego le pregunta a su amiga cómo sabía lo de los baños del Mercadona. Ella le cuenta que conoce los Mercadonas de todas las ciudades porque sus hijos siempre cagan ahí. Soy todo glamur, le dice la mujer a su amigo.

Un cuento cuya protagonista sea una escritora que acaba de tener un hijo, un bebé, escribe de eso, retransmite su maternidad, resulta un poco pornográfico, infantil y narcisista. Nadie le dice nada porque tiene muchos seguidores: su agente la apoya, le consigue publicar en editoriales grandes, que le piden en seguida otro libro. Le dan una columna en una revista de moda. Se convierte en activista de la maternidad. Solo una persona explica bien el proceso, pero no lo hace en público. Escribe: abrazan la maternidad con el mismo entusiasmo con que se abrazaban al MDMA.

La asalta el recuerdo de una tarde de julio, a las cuatro de la tarde. Llevaba un paquete de pañales para dejar en la casa de la persona que cuidaba a su hija de dos años, a la que iba a recoger. Aunque había hecho pis antes de salir de casa, tenía ganas de nuevo, le pediría a Lucía que le dejara usar el baño, bueno, no haría falta pedirle permiso, siempre entraba: ocho meses de embarazo, ya sabes, decía. En una esquina se encontró con un escritor, durante quince minutos la tuvo de pie, aguantando el peso de los pañales, del bebé y haciéndole preguntas sobre tintes, a ella, que no se había teñido el pelo nunca: lo tenía negrísimo.

El escritor no podía creer que no tuviera ni una cana, que ese negro fuera suyo. Quizá por eso la torturó así.

—Quiero teñírmelo de rubio porque creo que quedaría bien para la promo, dijo el escritor.

A ella le empezaba a doler el brazo; se cambió el paquete de pañales de mano.

—Pero claro, como lo tengo negro, me lo tienen que decolorar mucho y, al parecer, eso es como freírlo directamente o peor. —Notó una terrible patada en la tripa y se la tocó, como calmando al bebé, como queriendo decirle que era de mala educación irse, que tenían que esperar a que acabara el monólogo—. El proceso es terrorífico para el pelo, así que he parado y se me ha quedado una cosa intermedia…

Ella asintió y comenzó a buscar su botella de agua de la mochila, tenía mucho calor y se mareaba un poco. Puso la mano en la pared, exagerando quizá el dolor, solo para que el escritor se diera cuenta de su incomodidad. Él miró su reloj, como si recordara de pronto una cita, y le dijo que seguramente la estaba entreteniendo, que se alegraba de verla y que fuera todo bien. Ella se acuerda de eso cada vez que ve su foto, ahora que el escritor vuelve a estar de promo y ha vuelto a cambiar de peinado.

Piensa en abrir su libro con una cita porque nunca lo ha hecho. Escoge una al azar. Le gusta porque resume un espíritu burlón con el que se identifica. Su primer lector le desaconseja esa cita: otro músico muerto prematuramente no. La convence.

A veces, L piensa en su amiga T, a la que ella admiraba antes de conocerla. Admiraba sus libros y se hicieron muy amigas muy rápido. Luego nació la hija de L y T se fue difuminando hasta desaparecer. No fue de la noche a la mañana, más bien en *fade out*. Las líneas rojas se cruzan muy despacio, ya sabes. L se hace preguntas: quizá le gustaba su novio, o quizá le agobió o no estuvo a la altura cuando le mandó ese cuento inédito para que lo leyera. Se pregunta qué pasó. Incluso se lo preguntó a T, que por supuesto negó que hubiera pasado nada, de hecho, me encanta ver cómo va creciendo tu hija en las fotos que subes a redes. T nunca jamás se lo dirá, pero sí ha hecho bromas con otros conocidos en común sobre aquella tarde en que se presentó un poco sin avisar y allí estaban L y su novio cada uno delante del ordenador, sonaba Vasthi Bunyan y la niña estaba en la cuna tan tranquila. Me dio un poco de asco, decía T cada vez justo antes de la carcajada.

La comparación con los demás es lo que le paraliza. Escucha las canciones que hacen otros, y la verdad, no ve que haya una diferencia abismal entre esas canciones y sus canciones. Sí la hay de tono y de muchas cosas, pero no de calidad. Es difícil de explicar, piensa, sin parecer un gilipollas o un engreído. Puede ser las dos cosas y aun así tener razón. El caso es que le paraliza eso. Se abre una cerveza.

El chico que le gustaba cuando era pequeña tiene dos hijos, está calvo y se casó con la guapa del pueblo. Sigue siendo la guapa del pueblo, las piernas firmes, con el músculo definido y esa manera de caminar que roza la cojera.

Ahora comprende, diez años después, lo que le quiso decir su amigo en aquella conversación. Ni siquiera se acuerda exactamente de cuáles fueron las palabras exactas, quiere decir que no podría hacer una charla TED con eso. Pero cree, releyendo uno de los libros de su amigo, haber entendido a qué se refería. El amigo está muerto y ella perdida y se acuerda mucho de un consejo que le dio su amigo: cuando te encuentres mal, tómate un consomé en el Lhardy.

INT./EXT. TARDE (ahora ya no hay noches)
TERRAZA DE BAR.

Paula está hablando con un amigo, se baja la mascarilla solo para sorber café. A su amigo, puede que no le lleguemos a ver la cara nunca.

ELLA

Es raro, sí, y es terrible, porque, ¿qué tipo de persona soy? ¿O era? No lo sé. Pero ¿a ti no te pasa nunca? O sea, como que sobreactúas para que el otro no se sienta mal. Por ejemplo, no sé, repites cuando la comida no te ha gustado tanto. Quedas con una que no te gusta tanto, pero no quieres que se sienta mal. Aplaudes más fuerte cuando te parece peor, para disimular. Es algo así. Yo abrazo, abrazaba más a los que huelen mal. Es una movida, pero hay gente que tiene un sudor fuerte, joder, es verdad, es una putada porque no es su culpa, pero es así. Pues a esos, yo los abrazo. Abrazaba. Odio abrazar. A los que apestan los abrazaba. No es una parafilia, es que finjo, como si les dijera: no me molesta en absoluto el ácimo olor a hormona que te rodea e impregna tu ropa. Ahora me siento liberada.

Una leyenda cuenta que si tú alguna vez ayudas a alguien del circo, si después en algún momento de tu vida necesitaras esconderte, los del circo te cubrirían.

El título de la novela es *No, no, si ya, ya*. Iba a ser la frase «and so it goes» de una novela en la que una escritora —después de una conferencia en Salamanca en la que se iba la luz mientras ella hablaba— tenía el superpoder de que lo que escribía se hacía real. Iba de un sitio a otro, de una situación a otra. La idea le vino a la cabeza al escritor pensando en un libro que había empezado a leer, en pdf, y que ya odiaba antes de comenzar. Luego se lo contó a un amigo, que fue quien le dijo que ese tenía que ser el título, el «no, no, si ya, ya», pero que nada de escritora, sino alguien que comió carne en mal estado y le afectó al cerebro, un caso raro de vaca loca.

El disco de Vashti Bunyan, eso fue. La pareja trabajando, cada uno en su ordenador, el bebé en la cuna, tranquilo y *The coldest night of the year* sonando. Era primavera. Era junio. El bebé era pequeño, un recién nacido. Ella lo había visto nacer. Había visto a su amiga partirse en dos, empujar como si llevara toda la vida haciéndolo, se acordaba de que dijo que tenía ganas de vomitar, un único momento de flaqueo, y entonces una de las enfermeras le dijo «eso es que queda poco», y quedaba poco. Salió el bebé con mucho pelo y ella se emocionó y salió del paritorio, no quería que la vieran llorando. La voz de Vashti Bunyan y ellos trabajando y esa calma, absolutamente puntual, por otro lado, pero eso ella no podía saberlo. Dejó de atender los mensajes de su amiga, dejó de escribirle, y poco a poco se alejó de esa luminosa estampa de felicidad de una tarde primaveral para siempre.

Una historia sobre una pareja que pasa una mala racha, pero discreta: son de pocas estridencias. De pronto, una noche, escuchan a los vecinos discutir: voces, gritos, portazos. No entienden bien cuál es el problema. Las broncas de los vecinos se van sucediendo y la pareja las sigue, ya no ponen la tele, ahora cogen más el ascensor a ver si coinciden con ellos. Nunca les han visto la cara, pero conocen sus nombres porque están en el buzón. Una noche, ella se mete en el vestidor porque ahí se oye mejor lo que dicen. Al principio, los dos parecen estar más de parte de ella, luego él se pone de parte del chico, pero no caen en la proyección de sus propios reproches. Sería demasiado fácil. No, lo que sucede aquí es un poco más cruel: se hacen fuertes como pareja gracias a la descomposición ajena. Cada noche se sientan a esperar el estallido, y eso los une. Poco a poco, dejan de prestar atención a las broncas de los vecinos, vuelven al sexo y a ver películas, hasta hablan de lo que hacen durante el día. Ella ha empezado a comprar flores que él coloca con mimo en jarrones con agua. Llegan unos nuevos vecinos al piso que ha dejado vacío la pareja que discutía. Se cruzan con ellos en la escalera, el día de la mudanza. Saben que son ellos porque cambian los nombres del buzón. Cuando se cruzan con ellos en la entrada, les sonríen, pero esa sonrisa no es del todo amable.

Tiene la idea de un proyecto y le escribe a una chica para hacerlo juntas. La otra le dice que no: poco dinero, mucho trabajo, le da pereza. Dos semanas después la otra chica le dice a la primera que finalmente le hizo caso y ha vendido el proyecto pero solo con ella. Dos días después, le pide ayuda como quien le pide al vecino que le sujete la puerta, por favor.

Un escritor está nervioso, presenta su libro; no es el primero, pero lleva un tiempo sin publicar. Le ha pedido a un amigo actor que lea algunos pasajes del libro; prefiere eso a invitar a otra persona para que le halague en público. Lo que tiene pensado es saludar, dar las gracias a la gente por haber ido y hacer una breve presentación del libro. Después, su amigo actor se levantará y se acercará al atril, cerca del pie de micro y leerá durante unos veinte minutos. Después del último cuento el escritor pondrá *Summer on a solitary beach* de Franco Battiato y su amigo recogerá los papeles del atril para que la gente empiece a aplaudir. Luego el escritor firmará su libro.

Todo sucede según lo previsto hasta que su amigo se acerca al atril y antes de empezar a leer, saluda. No habían hablado de eso. Pide perdón, dice, porque está un poco disperso. Es la primera vez que se sube a un escenario, bueno, algo parecido, desde que rompió con su novia; me abandonó, dice. Pero no es así como sucedió, piensa el escritor, fue él quien quiso romper: ¡pero si te agobiaban los gatos de ella!, piensa. El actor sigue hablando un poco antes de hacer una lectura impecable de los textos de su amigo. Después de la presentación van a tomar un vino. Una periodista que quería llevar al escritor a su pódcast está ahora muy interesada en el actor. Lo invita también a su pódcast. Ese día, ella no puede evitar preguntarle por lo que sucedió, por esa «explosión sincera», lo llama. Entonces el actor le dice: ni siquiera sé por qué lo dije, no era verdad. No me abandonó, estaba harto de sus gatos, ¿tú sabías que los pelos de los gatos pueden quedarse en los calzoncillos y que están tan duros como una espina y se clavan en los huevos? La periodista dice que no tiene gatos, es alérgica, y luego los dos se ríen.

Siempre sucede de manera similar: un libro lleva a otro libro, etc. De uno de Elizabeth Hardwick a otro de Mary McCarthy; una amiga le habla de un ensayo sobre el arte de la descripción que atribuye, tal vez erróneamente, a Mary McCarthy. Compra el libro de McCarthy en una librería de viejo por internet. Lo abre por el dedicado a Flaubert porque acaba de leer dos veces seguidas un ensayo breve de una escritora francesa sobre Flaubert. Siempre sucede así: unos libros hablan con otros pero necesitan un médium para que la conversación se dé. Decide que es médium.

Un hombre mayor desnudo deambula por la calle de noche. Lo recoge un coche de la guardia civil y lo lleva al cuartel. Va sin identificar, pero uno de los guardias del cuartelillo lo reconoce. Es el padre de Alberto, aquel que era tan bueno jugando a fútbol. Se marchó, sí. Llaman a su casa. Solo está su mujer, no puede ir a buscarlo. Lo llevan en coche a su casa. Unos días después el guardia busca a su hijo Alberto en internet, le escribe un mensaje y le cuenta lo que ha pasado. Su padre está enfermo, cáncer, como todos. Morirá pocos meses después. Alberto se llevará a su madre a vivir con él. Durante mucho tiempo pensará en su padre caminando desnudo por la calle de noche, desorientado, solo, tal vez asustado.

No sabe por qué sigue en ese chat de madres, al que llama, cuando quiere burlarse de ella y de las otras, el chat de las vaginas rotas. El caso es que se ponen a hablar de libros para niños y ella dice que está cansada de los libros con valores, que se rebela contra eso y abraza el gamberrismo de Roal Dahl o Maurice Sendak. Una madre le responde: va a escribir un cuento infantil, dice, de los que tú llamas con lección porque soy madre soltera y estoy harta de que me pregunten por qué mi hijo no va a tener un padre. Luego añade que le ruega que no hable tan alegremente de lecciones porque quizá en un futuro ella o su familia las necesite si tal vez tiene un hijo disléxico o tartamudo.

Todo aquello le pasó poco después de leer *Cuchillo* de Salman Rushdie, ya casi no piensa en ello, pero aún recuerda la sensación de pringosidad que le quedó.

Un experimento: qué le pasa a alguien que solo lee novedades editoriales. ¿Es realmente para el cerebro y el gusto el equivalente a comer solo comida rápida? ¿Cuánto se puede aguantar? Una desviación en sketch: un periodista cultural o reseñista que hojea clásicos a hurtadillas: abre *Madame Bovary,* mira con anhelo *Middlemarch,* toca el lomo de *La Regenta,* le pone ojitos a una novela de Faulkner, se hace trampas al solitario: cuela a Carmen Martín Gaite porque estamos en el centenario. Empieza la fiebre de los aniversarios. Primero números redondos, poco a poco se flexibiliza, de 200 a 100, 50, 35, 18…

¿Le puedo ayudar en algo?, fue lo único que se le ocurrió para quitarse de encima a esa madre que llevaba ya un rato hablando de que no le parecía bien que separaran la ropa de bebé por sexo, era segregar y era sexista y no tenía sentido porque, ¿no te parece ridículo?

En el parque han florecido los tulipanes, lo lleva en portada en el periódico de la ciudad. Hay rosas, blancos y rojos. También amarillos, pero esos no los ven. Aparecen en cada rincón del parque, de pronto, sin avisar. La niña pequeña arranca uno, se queda con el bulbo en la mano. La madre lo recoge y lo vuelve a meter en la tierra. Aún no se había abierto el capullo.

Lo que motivó el traslado de la familia fue, sobre todo, cumplir el deseo del padre: vivir un año sin invierno. A la madre lo que la convenció fue un libro, unas memorias de una escritora que se fue con su familia a vivir a una isla griega. Lo pasaron genial, los niños fueron felices y el matrimonio se escabullía para bañarse de noche en el mar. Acabaron todos fatal: alcoholismo, suicidios, etc.

Un cuento sobre unas madres burguesas que comparten chat, se llama «Casi como de la familia», que es lo que dicen sobre las personas que cuidan a sus hijos, cocinan y limpian la casa, «la chica», esa que es casi como de la familia.

La piscina, una novela sobre una piscina y las diferentes familias que la han usado.

También, una de una familia que limpia piscinas, van el padre, la madre y un bebé. Y nunca consiguen quitarse del todo el olor a cloro y productos de limpieza de piscinas.

Hay un incendio en un piso. Vive una señora que se traslada a la casa de su hermana mientras arreglan su piso quemado. Ha perdido casi todo. Su hermana está feliz porque por fin va a tener compañía.

Un grupo de madres muy recientes se reúne cada viernes en el centro de salud. Acuden con sus bebés, invaden la planta de carritos y cuentan sus cosas. Cada semana se ocupan de una cosa: masajes, la alimentación complementaria… Muchas veces acaban desahogándose de las noches sin dormir, de la demanda de la lactancia. Esas mujeres se abren un chat que crece y crece hasta que se hace un poco incontrolable. Pasan los años, una de las madres, una de las que se unió tiempo después de los talleres en el centro de salud, una a la que casi nadie llegó a conocer en persona, ha muerto. Cáncer de mama, 37 años. Otra llegó a pasar la foto de un novio que tuvo que le puso los cuernos. Dice que compró piojos para echarle en las rastas de las que estaba tan orgulloso.

Otra de las madres reconoce al chico: también estuvo con él. Pero no dice nada.

Tras un leve disgusto, alguien le preguntó cómo estaba. Levantó la vista y observó su vida: no puedo sufrir ahora.

Un final posible: numera las ideas y hace un sorteo. Se elige así al azar cuál de las notas se desarrollará. Se convertirá en manuscrito, horas de trabajo, peleas, correcciones. Luego lecturas y más lecturas. Rechazos aquí y allá hasta que encuentre cobijo. El resto del libro, esto, se borrará para siempre. No quedará nada más.

—¿Cuántos años tienes? —pregunta el niño. Y después añade con un tono entre temeroso y hastiado—: ¿Cuánto falta para que te mueras?

Cuando se fue a estudiar fuera, su madre le dijo que no le iba a escribir, a cambio, le dio un ejemplar de las *Cartas a la hija* de Madame de Sévigné.

Aquella escritora tan seria que le preguntó por qué la habían llamado a ella para moderar la conversación entre dos escritores intelectuales y su cara cuando con una sonrisa inmensa le respondió: cuota de tía buena, supongo.

El libro, es claro, va contra la muerte.

*Este libro
se terminó de imprimir
en los talleres del Servicio de Publicaciones
de la Universidad de Zaragoza
en abril de 2025*

TÍTULOS DE LA GRUTA DE LAS PALABRAS

1. Manuel M. Forega, *Cuerpo de la edad (1981-1985)* (1985).
2. Emilio Gastón Sanz, *Musas enloquecidas* (1987).
3. Julio Alejandro de Castro, *Singladura* (1988).
4. José Antonio Labordeta, *Diario de náufrago* (1988).
5. Javier Delgado, *El peso del humo. (Libro de Horas Profanas)* (1988).
6. Jose Antonio Rey del Corral, *Poemas del sentido* (1988).
7. Javier Barreiro, *Dientes en un cofre* (1988).
8. Manuel Estevan, *Diario del frío* (1988).
9. Manuel Vilas, *Osario de los tristes* (1988).
10. Alfredo Saldaña, *Fragmentos para una arquitectura de las ruinas* (1989).
11. Mariano Esquillor, *Elegías a Fuensanta* (1989).
12. Antonio Ansón Anadón, *Memoria del Limo* (1989).
13. Rosendo Tello Aína, *Las estancias del Sol* (1990).
14. Ángel Petisme, *Habitación salvaje* (1990).
15. Miguel Luesma Castán, *Crónicas del abismo (1988-1989)* (1990).
16. Ana María Navales, *Los espejos de la palabra. (Antología personal)* (1991).
17. Antonio Fernández Molina, *El cuello cercenado. Antología poética* (1991).
18. Fernando Ferreró, *Falacia* (1992).
19. Luis Moliner, *Bethel y Música* (1992).
20. Manuel M. Forega, *He roto el mar (1980-1990)* (1993).
21. Alberto Montaner Frutos, *Teatro de delicias* (1993).
22. Teresa Agustín, *Cartas para una mujer* (1993).
23. Fernando Sanmartín, *Manual de supervivencia. (Consejos inútiles)* (1993).
24. Joaquín Carbonell Martí, *Laderas de ternero* (1994).
25. Enrique Gutiérrez, *Un país sin nadie* (1994).
26. Rolando Mix Toro, *El espejo y tú* (1994).